ÉLOGE

DE

J.-F. OBERLIN,

PASTEUR

DE WALDERSBACH AU BAN-DE-LA-ROCHE (VOSGES),

PRONONCÉ

A LA SÉANCE EXTRAORDINAIRE DE LA SOCIÉTÉ D'ÉMULATION DU DÉPARTEMENT DES VOSGES LE 16 MAI 1831,

PAR

M. Hubert Mathieu,

MÉDECIN-VÉTÉRINAIRE EN CHEF DU DÉPARTEMENT DES VOSGES,
SECRÉTAIRE-ADJOINT DE LA SOCIÉTÉ D'ÉMULATION DU MÊME DÉPARTEMENT,
DES SOCIÉTÉS CENTRALE ET ROYALE D'AGRICULTURE,
D'ENCOURAGEMENT POUR L'INDUSTRIE NATIONALE,
LINNÉENNE DE PARIS, ETC.

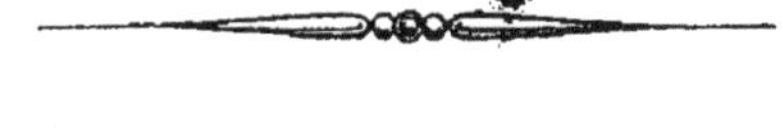

ÉPINAL,
IMPRIMERIE DE GERARD.

1832.

ÉLOGE

DE

JEAN-FRÉDÉRIC OBERLIN,

PASTEUR DE WALDERSBACH,

PAR

M. HUBERT MATHIEU,

MÉDECIN-VÉTÉRINAIRE.

Le sage dont j'essaie d'esquisser la vie nous appartient à plus d'un titre. Membre de la *Société d'Émulation* du département dès sa fondation, pasteur pieux autant que modeste, il fut un patriarche dont les bienfaits ont porté, pendant plus d'un demi-siècle, la paix et le bonheur dans cette contrée des Vosges la plus arriérée en civilisation, nommée le *Ban-de-la-Roche*. Né hors du département, il mérita notre reconnaissance par le bien qu'il y fit, et la postérité la plus reculée redira avec émotion toutes ses vertus.

Jean-Frédéric *Oberlin*, ministre du saint évangile à Waldersbach, chevalier de l'ordre royal de la légion d'honneur, membre de plusieurs sociétés savantes, est né à Strasbourg le 31 août 1740. Son père, homme judicieux et éclairé, était instituteur au gymnase de cette ville, école célèbre du culte protestant, fondée au commencement du seizième siècle, et l'établissement de ce genre le plus ancien de cette grande cité. L'état et la science du père appelèrent ses enfans aux avantages d'une solide instruction. La vivacité et la pétulance du jeune *Oberlin* ne répondirent d'abord pas aux vues de sa famille. Dans ses jeux enfantins, il ne rêvait qu'armes et combats. Ce penchant belliqueux l'exaltait au point que toujours on le rencontrait à la tête des soldats, suivant leurs évolutions, imitant le bruit des fanfares, le roulement des tambours, et qu'il obtint même la permission des chefs de se mêler aux manœuvres des troupes, sans toutefois être enrégimenté.

Obligé de renoncer à la carrière des armes pour se livrer à l'étude de la théologie, à laquelle l'appelait le vœu de ses parens, il ne put rompre tout-à-coup avec ses inclinations guerrières; l'aspect d'un drapeau l'électrisait et le bruit du canon faisait vibrer son cœur. Il se passionnait toujours à la lecture de *Plutarque*, et les héros d'*Homère* le remplissaient d'enthousiasme.

Quelle sainte mission et quels importans travaux que ceux qui sont réservés à un ministre de Dieu! Ne parler de l'éternité que pour faire supporter avec résignation les peines de ce bas monde; rester étranger aux discussions politiques et ne voir dans les hommes qu'une seule famille; s'immiscer dans les ménages, non pour arracher leurs secrets, mais pour resserrer les liens de la fidélité des époux, de la piété des fils, de la tendresse des pères et de l'amour des frères. Consoler le malheureux, soulager l'indigent, essuyer les larmes de la veuve, devenir l'appui de l'orphelin; n'approcher du riche que pour l'engager à verser une partie de ses trésors sur la misère, et par-dessus tout, s'oublier soi-même pour porter ses affections et des paroles de paix dans l'asile de la souffrance et du désespoir : telle est la mission du vrai ministre; et jamais fonctions plus saintes, devoirs plus imposans ne seront enviés par un cœur droit et généreux.

La destination du jeune *Oberlin* arrêtée, la vivacité de son esprit et la force de son caractère lui firent considérer la carrière qu'il allait parcourir, non avec timidité et défiance, mais avec calme et résignation. Il avait vingt-sept ans lorsque, renonçant à une chaire plus avantageuse, il se dévoua avec un zèle vraiment évangélique à l'instruction, au bonheur et à la prospérité de la contrée la plus pauvre et la plus sauvage. Il la choisit de préférence pour démontrer sans doute qu'avec une volonté fortement exprimée de faire le bien, rien ne pouvait s'opposer au succès.

Nommé pasteur du Ban-de-la-Roche, il y arriva le 30 mars 1767. L'année suivante, il se maria avec Magdeleine-Salomé *Witter*, de Strasbourg. L'excellente épouse que la providence lui donna concourut puissamment à l'exécution de ses sages projets, et le soutint dans les difficultés qu'il eut à combattre. Mère tendre, compagne chérie, ses vertus et sa douceur se propagèrent dans sa nombreuse famille.

Le Ban-de-la-Roche, tel que le décrit l'un des fils de notre pasteur dans une thèse savante (*), est une contrée élevée, qui fait partie des contre-pentes et des ramifications occidentales de l'embranchement du Haut-Champ ou Champ-du-Feu. Système isolé de montagnes, détaché du bord oriental de la chaîne des Vosges par un enfoncement ou col déprimé.

Le Ban-de-la-Roche comprend dans sa totalité une surface convexe et montueuse de quatre mille deux cent trente hectares, dont dix-neuf cent

(*) *Propositions géologiques.* Un grand in-8.° de 261 pages, à Strasbourg, chez *Levrault*, 1806.

soixante-cinq sont plantés en bois; le surplus compose les pâturages et les propriétés particulières, qui sont cultivées, partie en seigle, avoine et pommes de terre, et partie en prés ou en jardins.

Il y a deux paroisses : Rothau et Waldersbach (selon *Oberlin*, *Waldbach*). C'est à Waldersbach que notre ministre se fixa; il desservit également ses quatre annexes, Belmont, Bellefosse, Fouday et Zollbach.

Ce pays montueux offre de très-grandes variations dans sa température. Les neiges commencent au mois de septembre et ne disparaissent qu'au mois de mai. Leur fonte subite détermine souvent des avalanches et des éboulemens de terre considérables, ce qui dégrade les hauteurs, met le roc à nu et couvre d'un sable aride le sol de la vallée. Les grandes pluies occasionnent les mêmes accidens.

Au commencement du règne de Louis XV, toute la contrée ressemblait à un désert (*); les chemins y étaient à peine praticables; les communes et les hameaux qui en dépendent comptaient au plus cent ménages, dont les habitans

(*) Rapport de M. le comte *François*, *de Neufchâteau*, à la société royale et centrale d'agriculture, à la séance publique du 29 mars 1818.

ignorans et misérables allaient presque nus et ne se nourrissaient que de pommes de terre et de fruits sauvages (*).

Ce pauvre pays fut d'abord appelé à la civilisation en 1750 par le pasteur *Stouber*, dont le dévouement apostolique surmonta les obstacles que la routine, l'ignorance et les préjugés s'efforcaient de lui susciter. A son arrivée dans cette triste localité, il n'y avait pour ainsi dire aucune trace d'instruction; ce qui cesse d'étonner lorsque l'on apprend qu'à cette époque les fonctions de maître d'école étaient classées après celles des pâtres, et étaient louées au rabais. Aussi ceux qui étaient chargés d'enseigner ne savaient-ils pas souvent lire couramment? Le bon *Stouber*, pour remédier au mal, fit venir un instituteur capable de le seconder, et composa lui-même un alphabet méthodique qui, comme toutes les innovations, fit crier à l'hérésie, au sortilége, mais à l'aide duquel les enfans apprirent plus facilement à lire. Ce résultat piqua vivement la curiosité des adultes; beaucoup adoptèrent sa méthode, et les

(*) La paroisse de Waldersbach, qui n'est pas moitié du Ban-de-la-Roche, et qui, au commencement du dix-huitième siècle fournissait à peine à la nourriture de deux cent cinquante habitans, par les soins d'*Oberlin*, suffit aujourd'hui à l'entretien de mille huit cents.

succès obtenus leur firent rechercher alors avec empressement la possession des livres saints.

Stouber, nommé pasteur à Strasbourg, voyait tous ses soins pour ainsi dire perdus, si un autre lui-même ne lui succédait. *Oberlin* n'hésita pas à se sacrifier pour conduire à bien une entreprise si noblement commencée, et rendre à la société des membres qui sortaient à peine de la barbarie.

Les projets de réforme du pasteur *Stouber* furent donc continués par le sage *Oberlin* avec une ardeur et un dévouement sans bornes. Sa digne compagne voulut y participer. Elle se chargea de la distribution des secours, surtout de ceux qui étaient destinés aux personnes de son sexe, tandis que son époux, multipliant ses relations avec les hommes, traitait des intérêts généraux, de l'instruction, et cherchait, par l'extinction des haines si communes et si enracinées chez un peuple grossier, à assurer la réforme morale. Tous les habitans ne furent pas également satisfaits des leçons et du désintéressement du nouveau ministre. Ces hommes, plongés dans la plus affreuse misère, s'étaient déjà élevés contre les instructions de *Stouber*. *Oberlin* apprit le projet formé par eux de repousser, par des actes de violence, ses conseils et ses leçons. Dans une si triste position, que fit-il pour les ramener au devoir? employa-t-il l'assistance de l'autorité et opposa-t-il la force à la force? non sans doute; il préféra une voie plus digne d'un ministre de la religion. Le dimanche, jour fixé pour l'exécution du complot, il prit pour texte de son sermon ces paroles de l'écriture sainte : *ne résiste point au mal; mais si quelqu'un te frappe à la joue droite présente-lui l'autre.* Ce sujet l'amena naturellement à parler de la patience chrétienne, et de la résignation à souffrir courageusement les injures. Le sermon terminé, le pasteur se retira chez lui et il en sortit à l'heure indiquée pour entrer dans la maison où se tenait le conciliabule. On délibérait; il s'avance, et après s'être découvert : « me voici, mes amis, dit-il; je suis instruit de » votre dessein d'exercer contre moi des actes que » vous croyez justes. Je n'ose moi-même décider » si votre projet est fondé; peut-être, sans m'en » apercevoir, me suis-je rendu coupable; l'homme » se trompe facilement sur son propre compte, » mais je m'en rapporte aux règles de conduite » que je vous ai tracées depuis que j'ai été appelé » parmi vous. N'en ai-je point été le plus fidèle » observateur? si vous ne le pensez pas, punissez-» m'en; je me livre à vous, j'ai désiré vous » épargner la bassesse d'un guet-à-pens (*). »

(*) *Souvenir d'Alsace.* Strasbourg, chez Léon-Henri *Heitz*, 1824.

Cette résolution, digne des premiers temps du christianisme, annonce bien la confiance et la bonté de l'homme juste; elle réussit à notre jeune ministre au-delà de ses espérances : les brebis égarées revinrent au bercail et elles ne furent ni les moins chéries ni les moins dévouées.

A cette scène succéda un fait révélant toujours l'intolérance et la rudesse des mœurs de ces habitans. Notre pasteur travaillait dans son cabinet; des clameurs et des huées retentissent au dehors; il se lève et se rend au lieu du désordre. Il n'entend sur son passage que ces cris : c'est un juif! c'est un juif! et mille reproches injurieux. Ayant témoigné le désir de parler, il s'adressa à la foule et lui dit : *soyons les enfans du seigneur, qui fait briller son soleil sur le bon et sur le méchant.* S'approchant alors du malheureux juif, tremblant et à demi-mort, il chargea son paquet de marchandises sur ses épaules et le conduisit par la main jusqu'au presbytère.

Oberlin, qui savait combien les momens sont précieux et combien l'instruction est indispensable pour adoucir les mœurs, employa tous ses efforts, dès son arrivée au Ban-de-la-Roche, pour former un plan général d'études.

Ce fut principalement vers l'enfance que se dirigèrent ses soins. Les sentimens sont vifs à cet âge et les premières impressions s'effacent difficilement. Aussi notre excellent pasteur recherchait-il de préférence les enfans, et les suivant dans leurs jeux folâtres comme dans leurs passions naissantes, il ne négligeait aucun moyen de leur inculquer ces préceptes fondamentaux : tendresse pour ses parens, amour du travail, dévouement à la patrie et reconnaissance envers le créateur.

En 1767, lorsque notre ministre entra en fonctions (*), il n'y avait dans les cinq communes de la paroisse aucune maison d'école. Une pauvre cabane, prête à s'écrouler, était le lieu où la jeunesse entassée s'essayait dans les premiers élémens. L'ame ardente d'*Oberlin*, soutenue par le zèle de son prédécesseur, fit un appel à la bienfaisance, et invita les cœurs généreux à concourir à la fondation d'une maison d'école. Les fonds étaient loin d'être suffisans lorsque, n'écoutant que son amour pour la prospérité publique, il fit commencer l'édifice, répondant de tout malgré son faible revenu, la situation précaire de sa famille et l'état de délabrement du presbytère. Il surveilla les travaux, paya les dépenses et souscrivit même, d'après la demande des habitans, une promesse formelle que l'entretien de cette maison, bâtie pour le bien de

(*) Lettre de M. *Legrand*, propriétaire à Fouday.

tous, ne tomberait jamais à la charge de la commune. La création si difficile de cette école engagea néanmoins les habitans des trois autres villages à former, quelques années après, des établissemens semblables.

Pendant que les écoles s'élevaient, notre pasteur songeait à en assurer les succès. A l'aide de sa méthode, il formait des instituteurs habiles. Les heures ordinairement passées aux écoles étant courtes, il s'agissait d'empêcher les enfans de courir pendant le reste du jour, et de leur apprendre à bien profiter de leur temps. A cet effet et de concert avec son épouse, il forma des *conductrices* pour chaque commune. Il les réunit dans des chambres spacieuses, arrangées à ses frais; il les salaria même et leur donna des leçons et des règles de conduite qu'elles devaient à leur tour enseigner. Ce fut sous la surveillance continuelle de ces *maîtresses* que les enfans furent réunis. Les plus petits jouaient, les plus grands apprenaient à filer, à tricoter, à coudre, et comme le langage adoucit singulièrement les mœurs, il était défendu de parler patois dans ces assemblées. Là, le chant accompagnait le travail; on racontait des histoires à la portée de l'enfance, on épelait par cœur; en été, on cueillait des plantes dont on apprenait les noms, les caractères et les vertus; on s'essayait sur le dessin, on enluminait des cartes, des plans, des estampes, et aujourd'hui encore il y a peu d'habitations du Ban-de-la-Roche qui n'offrent ces divers objets.

Habituée ainsi à employer tous ses momens, la jeunesse, avec son esprit actif et curieux de tout connaître, rompt avec de pernicieuses habitudes, et apporte dans les écoles publiques l'ardeur et l'attention qui la disposent à recevoir une instruction plus large et plus raisonnée. La lecture, l'écriture, la grammaire, l'arithmétique, la géographie, l'histoire profane et sacrée, l'agriculture, se traitaient dans les écoles avec un égal succès. On dictait des cahiers sur ces parties; notre savant pasteur suivait les développemens donnés à chaque branche d'étude (*); il y ajoutait souvent et les complétait par de judicieuses applications; mais il se réservait exclusivement l'exposé des préceptes religieux, et la dignité de son élocution annonçait combien son esprit était convaincu de leur sublime origine.

Afin d'être toujours assuré de l'identité de la méthode d'enseignement, notre ministre réunissait régulièrement une fois par semaine, au chef-lieu de la paroisse, les instituteurs de ses annexes.

(*) Il publia pour le Ban-de-la-Roche un almanach dégagé de recettes mensongères et de superstitions.

Dans ces comités, chaque objet était sainement apprécié. L'examen des choses les plus vulgaires devenait souvent l'occasion de considérations élevées et scientifiques. Notre pasteur prouvait que les faits en apparence les plus disparates avaient encore leur point de contact, et que tout dans la nature paraissait découler d'un principe unique.

Tant de peines et un zèle si soutenu ne purent rester ignorés. Les ames charitables furent noblement récompensées par le fruit de leurs premiers dons et s'empressèrent d'y ajouter. Une piété bienfaisante et judicieuse en était la dispensatrice. Ces secours et même des dotations hâtèrent les progrès de ces établissemens. Des prix furent décernés aux maîtres les plus méritans, et les élèves les plus studieux reçurent la récompense due à leurs efforts. Des livres furent imprimés pour le Ban-de-la-Roche (*); chaque trois mois, on faisait passer d'une école à l'autre ceux dont on n'avait pas d'exemplaires en nombre suffisant. Une bibliothèque fut destinée aux enfans; une collection de plantes indigènes, des roches du pays, une machine électrique et d'autres instrumens de physique initièrent les élèves à l'étude et à la contemplation de la nature; ainsi devait

(*) *Coup-d'œil sur la nature.* — *L'ami des enfans*, par *Rochow*.

surgir une génération amie de l'ordre, bienveillante et éclairée.

Jusqu'alors je n'ai présenté le pasteur *Oberlin* que comme l'ami de la jeunesse et faisant ses efforts pour lui inculquer des préceptes propres à la rendre recommandable; maintenant je vais suivre notre infatigable ministre dans la carrière agricole et industrielle qu'il faisait parcourir à ses élèves avec celle de l'instruction.

Ce qui paraissait avoir laissé l'esprit des habitans si long-temps inculte et grossier, c'était principalement le défaut de communications avec les contrées plus industrieuses. Les chemins étaient mauvais et même impraticables pendant six à huit mois de l'année. Aucun chemin ne réunissait les villages à la grande route; un tel débouché était cependant précieux. *Oberlin* le comprit, et à la tête de ses paroissiens, employant tour-à-tour la pioche et la poudre à canon, on le vit faire sauter les rochers, déblayer les terres, construire un pont sur la Bruche, enfin créer une lieue de route dans le terrain le plus inaccessible, et faciliter ainsi les communications avec Strasbourg. Une pareille entreprise frappa les habitans, et certains d'un écoulement facile pour leurs produits, ils s'adonnèrent davantage aux nouvelles cultures et aux sages innovations introduites par leur pasteur.

Des parens indolens et orgueilleux s'étaient refusés à ce que leurs enfans se livrassent à la filature du coton. Par les conseils d'*Oberlin*, cette défense fut levée. Il accorda des prix aux meilleures fileuses, et le travail fait pour une seule maison de commerce valut dans une année, au Ban-de-la-Roche et à ses environs, trente-deux mille francs pour salaires.

Les professions les plus nécessaires étaient ignorées. Choisissant les garçons les plus intelligens, il leur fit apprendre selon leur goût les métiers de maçons, de menuisiers, de vitriers, de maréchaux, de charrons; il les habilla et paya leur apprentissage chez l'étranger.

Il procura au laboureur de nouveaux instrumens aratoires, les lui donna ou céda au prix coûtant.

Il enseigna le premier la culture des prairies artificielles, notamment du trèfle de Hollande, et apprit à mieux soigner les prés par une irrigation bien entendue; sa *tarière* servait à découvrir des terres propres à l'amendement.

Il proposa un meilleur partage des terrains communaux, démontra l'efficacité des successions de cultures et l'*alternat* avantageux des prés en champs.

Il enseigna l'économie du fumier, les moyens de le créer par des *composts* (*) et les grandes ressources offertes par l'engrais; leçons fort utiles dans un canton qui ne connaissait d'autre engrais que les cendres produites par *l'écobuage*.

Pour améliorer la race des bestiaux, il décerna des primes aux propriétaires des plus beaux élèves; il indiqua la nourriture des vaches et des porcs à l'étable.

La pomme de terre, introduite dans cette contrée après la terrible disette de 1709, avait dégénéré et ne produisait plus rien; il en fit venir d'Allemagne, de Suisse et de Lorraine, et il renouvela l'espèce, au point qu'aujourd'hui encore elle est préférée sur les marchés de Strasbourg. Le premier, il indiqua la manière d'économiser la semence de ce tubercule, en le coupant pour le planter, et en ne fumant que le fond du trou lors du manque d'engrais.

Il ne put acclimater le sainfoin ni les abeilles; mais il introduisit avec avantage la culture du lin, dont il fit venir la graine de Riga.

(*) Il payait les vieux haillons de laine déchirés et les vieux restes de souliers seize sous le boisseau. C'était la base de ses composts.

Il planta des pépinières et instruisit dans l'art de greffer.

Il fonda une société d'agriculture qu'il mit en rapport avec ses aînées, et principalement avec celle de Strasbourg. Il acheta à ses frais une pompe à incendie, mit en usage ses connaissances médicales pour détruire des pratiques funestes et superstitieuses. Il apprit à saigner, établit une petite pharmacie, fit étudier à Strasbourg un jeune homme dont les succès répondirent à ses espérances, et envoya en cette ville quelques sages-femmes, pour apprendre l'art des accouchemens.

Le défaut d'argent rendait souvent critique la situation des habitans; par exemple : si un instrument aratoire venait à se briser ou un animal à périr; il établit une caisse d'emprunt, envers laquelle les engagemens devaient être ponctuels et sacrés.

Dans le but d'éteindre les dettes exigibles d'un jour à l'autre, il engagea les habitans à se cotiser par une mise légère et régulière, et à former une caisse d'amortissement pour liquider successivement les charges.

Il établit des règles fixes et équitables, mais sévères, pour la distribution des aumônes; il les répartit d'après une échelle graduée sur les besoins, les ressources et la moralité des individus. Bientôt la mendicité fut inconnue dans le canton.

Il porta sa sollicitude sur la construction des maisons qui, avant son arrivée, étaient enfoncées et malsaines. Il les fit élever au-dessus du sol; des caves profondes préservèrent les pommes de terre de la gelée; des étables spacieuses offrirent au bétail un abri plus sain.

Convaincu que le morcellement des terres est préjudiciable, il engagea ses paroissiens à des échanges. Persuadé que la *vaine pâture* est le fléau de la prospérité des prairies, il sut déterminer les habitans à ne plus laisser parcourir leurs prairies après la deuxième coupe, celle du *regain.* Il leur fit comprendre que, par ce mode, les animaux battaient la surface du sol, dérangeaient les canaux d'irrigation et que l'empreinte de leurs pieds, donnant un réceptacle à l'eau, favorisait la croissance des plantes malfaisantes et aquatiques; résultat désastreux et criant, mais contre lequel tous les efforts, autres que ceux d'un *Oberlin*, échoueront tant que la loi ne se sera pas prononcée pour abolir une coutume si abusive.

J'ai dit que les importans travaux du pasteur de Waldersbach étaient connus au-delà du sol ingrat qui en recevait les bienfaits. Indépendamment des dons multipliés que notre ministre recevait journellement, et qui lui offraient les moyens d'étendre son entreprise, il reçut en 1805, de la société des sciences et d'agriculture du Bas-Rhin, une somme de deux cents francs à répartir entre ceux des habitans du Ban-de-la-Roche qui se distingueraient le plus dans la plantation des pépinières et dans la greffe des arbres fruitiers. Cette somme pourra paraître faible, mais combien ne devait-elle pas faire d'heureux dans un lieu de souffrance et essentiellement pauvre ! Un sou obtenu par une veuve la mit au comble de la joie; elle put manger du sel avec ses pommes de terre pendant deux jours.

Celui qui n'aurait pas été à même d'apprécier le courage et l'activité d'*Oberlin*, ne croirait pas que les jours lui suffisaient pour se livrer à tant de travaux sans que l'instruction pastorale en souffrît; cependant, on n'entendit jamais de sermons mieux pensés. Après des hymmes d'allégresse et de reconnaissance au Très-Haut, et des explications sur le texte saint, il ne croyait pas profaner la chaire de la vérité en mêlant aux paroles sacrées des préceptes que quelques esprits retardataires pourront appeler terrestres: C'est ainsi qu'il établissait en principe que l'on devenait plus agréable à Dieu en recueillant avec gratitude, et n'importe à quel jour, les dons de sa largesse, au lieu de les laisser périr; que l'ordre dans ses affaires, la propreté, la connaissance de son état, la tempérance étaient des vertus qui venaient immédiatement après l'amour de Dieu et du prochain.

Cette abnégation de soi et ce vif amour pour les autres furent portés au comble par *Oberlin*. Sachant combien les dissentions intestines sont difficiles à combattre, et combien elles détournent l'homme de ses occupations habituelles pour devenir le germe de passions envenimées et le sujet d'actes vindicatifs, il ne cessait d'inviter ses ouailles à une douce fraternité. Témoin ce fameux procès qui durait depuis plus de quatre-vingts ans, et contre lequel il lutta sans relâche tant qu'il ne le vit pas terminé. Les communes plaidaient contre leurs anciens seigneurs, à raison des droits de propriété et d'usage dans les forêts qui couvrent une grande partie de ces montagnes. La révolution elle-même n'avait pu mettre fin à ces contestations ruineuses. Le respectable préfet du Bas-Rhin, M. *Lézay-Marnésia*, l'ami et l'admirateur d'*Oberlin*, désirait de son côté voir terminer des dissentions aussi anciennes, d'après l'affligeant tableau que lui en avait présenté notre ministre. Assuré de l'appui de l'autorité, *Oberlin* redoubla d'efforts et de zèle pour amener ses paroissiens à un accommodement. A la moindre rencontre, dans les conférences et même en chaire, il revenait toujours sur ce procès, le représentant comme le fléau du pays. Tant de peines et de persévérance déterminèrent la conviction, et les parties adverses s'entendirent pour une transaction convenable. Le digne préfet voulut que les habitans ne pussent pas oublier à qui était dû le rétablissement de la paix. A sa voix, les maires présentèrent en députation au pasteur la *plume* qui avait servi à signer l'acte, en le priant de la suspendre dans son cabinet comme un trophée de la victoire qu'il avait remportée sur les haines et les passions (*).

Ce grave événement, qui désormais était consacré par la reconnaissance, ne fut que le prélude de nouveaux témoignages d'intérêt pour notre pasteur chéri. Sur la proposition de M. le comte *François*, de Neufchâteau, la société royale et centrale d'agriculture de Paris, informée des vertus, de l'humanité et des vastes travaux du ministre de Waldersbach, se hâta de les couronner, et la grande médaille d'or de cette compagnie célèbre devint le pendant de la plume qui avait tracé les mots de réconciliation et de paix.

(*) Il convient de dire ici que M. *Champy*, propriétaire des superbes usines de Framont, et acquéreur des forêts en litige, fit de son côté de grands sacrifices pour amener la fin de ce long procès. Lors de l'incendie qui réduisit presque totalement en cendres les communes de Belmont et de Neuviller, il s'empressa de fournir gratuitement des bois de construction aux habitans incendiés.

Notre bon pasteur, mû par la sainteté de ses devoirs et excité par leur importance, y sacrifiait tout son être. Consoler les malades; assister les mourans; se perdre dans les neiges pour aller jour et nuit les visiter à travers les rochers des montagnes (*); courir les nuits à bride abattue à Strasbourg, à dix lieues de distance, pour y suivre les intérêts de son troupeau; dissiper les calomnies semées contre ses projets; fortifier ses amis dans leurs dispositions charitables; revenir pour élever l'âme dans ses homélies sacrées; retracer à l'homme doué de raison des épisodes variés pour lui faire chérir l'existence et bénir son Dieu; se vouer un jour par semaine à ses paroissiens qui parlaient un idiôme étranger, et leur faire l'instruction en allemand; tenir en outre une pension souvent de douze élèves qu'il instruisait lui-même, pour faire tourner la plus grande partie des émolumens à l'avancement de ses œuvres salutaires; refuser les places les plus séduisantes pour ne jamais quitter son cher Ban-de-la-Roche; trouver encore au milieu de ces immenses occupations des momens pour la lecture, pour la méditation, et souvent des heures entières pour se prosterner devant celui près duquel seul se trouve le courage pour y puiser de pareilles forces : voilà sa vie!... voilà *Oberlin!*

(*) Lettre de M. *Legrand.*

Une circonstance qui influa singulièrement sur notre ministre fut la perte de son estimable épouse. Sa mort arriva pour ainsi dire subitement en 1784. Elle avait été mère de neuf enfans ; sept vivaient encore. Il fallait être aussi résigné aux décrets de la providence que l'était *Oberlin* pour pouvoir résister à ce coup terrible, connaissant les douces qualités et l'aimable candeur de sa compagne. Il fut tellement frappé de cette séparation qu'il éprouva journellement des momens extatiques où il croyait voir cette femme chérie ; il conversait avec elle et réclamait ses bons conseils.

Cette perte, qui ne put jamais être oubliée, fut toutefois adoucie par les soins et l'affection de la bonne *Louise*. *Louise*, orpheline et pauvre, avait été recueillie par la charité de la famille *Oberlin*. Cette fidèle ménagère sut reconnaître tant de générosité. *Louise* fut d'un grand secours à son *cher papa*, comme notre pasteur voulut qu'elle l'appelât. Elle surveilla les pas chancelans des enfans, et leur prodigua la tendresse et l'amour d'une mère. Jamais on ne vit un dévouement plus sincère. Cette bonne fille était à tout. Elle témoignait aux étrangers qui allaient visiter le patriarche du Ban-de-la-Roche les égards les plus respectueux, et leur offrait au nom de son bienfaiteur une généreuse hospitalité. Le digne ministre se plaisait à lui marquer toute sa tendresse en lui tenant les discours les plus paternels. Ma fille, ma *Louise*, lui disait-il sans cesse, ayons de la patience, du courage, de la résignation; soyons doux, humbles, pieux, et ajoutons toujours à nos bonnes œuvres. *Louise* fut un modèle de candeur et de gratitude; toute la contrée la vénère; elle a eu la douleur de fermer les yeux à son père adoptif, mais la couronne de vertu que lui décerna l'académie française fut la digne récompense de son dévouement (*).

Le nom du sage *Oberlin* n'était plus prononcé que religieusement, et l'on était porté à venir contempler le créateur de tant de travaux. Quel ravissant pélérinage qu'une visite au Ban-de-la-Roche! Le cœur en sortait toujours disposé au bien. Dans les derniers temps, les étrangers y abondaient, principalement les Anglais et les Suisses. Les vertus du pasteur exaltèrent au plus haut degré l'enthousiasme du respectable M. *Legrand*, de Bâle, qui résolut en 1814 de venir s'établir avec ses deux fils à Fouday, pour jouir de sa présence continuelle. Ce déplacement servit admirablement les projets du zélé ministre : car M. *Legrand*, propriétaire riche et actif, importa une industrie nouvelle. Elle occupa les bras qui se multipliaient, et auxquels l'exiguité et

(*) Académie française, prix *Monthyon*.

l'aridité du territoire n'offraient pas un emploi suffisant. La fabrication des rubans et autres objets de passementerie est aujourd'hui, avec la filature du coton et le tissage, les seules occupations industrielles du Ban-de-la-Roche.

M. *Legrand*, passant des jours entiers avec notre pasteur, a recueilli de nombreux renseignemens sur une vie si pure et si désintéressée. Deux lettres publiées par lui, l'une à M. le baron *de Gerando*, et l'autre à M. *Treuttel*, ont fait concourir à son insçu le digne *Oberlin* à une récompense nationale.

A cette époque, un ministre célèbre, portant un vif intérêt à l'agriculture et à l'industrie, comme aux lettres et aux sciences (*), possédait la confiance du monarque. La vie et les travaux d'*Oberlin* le frappèrent; et par une circonstance singulière, ou peut-être par une combinaison politique ménagée, notre pasteur fut promu chevalier de la légion d'honneur le même jour que pareille distinction était accordée à ce célèbre orateur dont les accens se firent entendre dans la chaire de Saint-Sulpice (**). Quelle étonnante destinée humaine! Parlant au nom du même

(*) M. le duc *Decazes*.
(**) L'abbé de *Frayssinous*.

Dieu, appelant tous les cœurs aux mêmes œuvres et à un égal partage de ses bienfaits, les deux apôtres semblèrent par la suite totalement se séparer. Dès ce premier pas dans la carrière des honneurs, le prédicateur sulpicien vit un vaste champ ouvert aux grandeurs; il participa aux affaires de l'état, se couvrit de la mitre et s'appuya sur la crosse; tandis que le pasteur de Waldersbach ne laissa orner sa poitrine de l'étoile de l'honneur que pour se vouer de plus en plus aux fatigues inséparables d'un ministère de paix, d'humilité et de foi.

L'extérieur du pasteur *Oberlin* répondait parfaitement aux nobles qualités de son cœur. Quelques années avant sa fin, lorsque l'âge n'avait pas encore courbé ce corps droit et élevé, rien d'imposant comme sa démarche. La beauté de ses traits, son œil vif et pénétrant, la blancheur de ses cheveux, et surtout la douceur et l'onction de son langage, émouvaient fortement, et disposaient au recueillement et à l'admiration. Sa demeure était simple : la propreté y régnait. Son cabinet toutefois offrait quelque désordre. Là c'étaient des livres; ici des minéraux; plus loin un cadre de papillons faisant contraste avec des plantes décolorées et sèches; plus loin des oiseaux empaillés, des tableaux, des cartes, des plans au milieu desquels se distinguait toujours le tracé géographique et géologique du canton chéri. A peu de distance, une collection de pierres factices de différentes teintes, et, ce qui frappait surtout les regards, des débris d'ossemens et des têtes humaines, sur lesquelles il avait tracé les régions et protubérances que le célèbre *Gall* a assignées aux passions, aux vices et aux penchans. Ami de *Lavater* et partisan de son système comme de celui du docteur allemand, il avait placé près de la collection de crânes une collection non moins intéressante et très-complète de diverses silhouettes; aussi notre pasteur se piquait-il d'être très-bon physionomiste, et prétendait, à l'inspection du profil, des traits et de la surface de la tête, autant qu'à la mise d'un individu et au regard fixé de préférence sur certaines couleurs, indiquer les capacités et les inclinations. Dans ces sortes d'études ou de recherches, on le voyait toujours indulgent, et s'il fut jamais sévère, ce ne fut qu'envers lui-même.

Le pasteur *Oberlin* ne songea jamais au prosélytisme, l'homme juste et travailleur lui paraissant devoir plaire à la divinité. C'est ce que prouve l'anecdote suivante : un hôte se présente au presbytère un vendredi et y accepte le couvert. Notre pasteur, dont la foi ne s'opposait pas à l'usage du gras, ne se permit cependant pas d'offrir de la viande à son hôte, disposé d'ailleurs à manger ce qu'on lui présenterait; se faisant ainsi un scrupule de fronder les préceptes de la religion dans laquelle on avait pu naître. Quelques esprits forts appelleront une telle résolution *faiblesse de caractère*, mais ne doit-on pas dire plus justement *respect de la conscience?*

La bienveillance d'*Oberlin* était grande, et jamais il ne cessa de tendre une main propice à l'infortune et au désespoir. Ne voyant dans Dieu que le père par excellence, il se plaisait à croire qu'un sincère et dernier retour sur soi-même suffisait pour obtenir le pardon de ses fautes. Religieux observateur de ces principes, notre ministre eut toujours l'indulgence la plus signalée pour autrui; et si parfois un acte de désespoir ou une vie même scandaleuse avait plongé le malheureux dans le précipice, loin de le repousser, il plaignait sa faiblesse, consolait sa famille, et évitait ainsi le scandale.

Le vertueux *Oberlin*, obligé d'imposer des pénitences, n'en prescrivait aucune qui ne tournât à l'avantage général. Ainsi c'était à combler une excavation dangereuse, à aplanir un chemin, à restituer le bien dérobé, à aider les vieillards, qu'il obligeait celui qui réclamait ses conseils spirituels. Il avait même établi en loi que les enfans, avant d'être admis à la confirmation, devaient avoir planté deux jeunes arbres dans un endroit désigné. Le beau jour que celui où la jeunesse apportait à son père les premiers fruits des arbres plantés par sa sollicitude!

Oberlin, en vrai sage, pensait que l'espèce humaine ne devait faire qu'une grande famille.

Les hommes, disait-il, doués des mêmes organes, seront tous frères dès que leur éducation sera dirigée dans des voies conformes à leur nature. Époque heureuse où la plus noble des créatures jouira de toutes ses prérogatives!

Comptant peu sur la sagesse du cœur, notre patriarche avait tapissé les murailles de son presbytère des pensée des saintes écritures. La maxime qu'il paraissait préférer était tirée de la parabole des dix vierges : *Ayez de l'huile dans la lampe*, voyait-on écrit partout; pour prévenir sans doute que l'on doit toujours être disposé à mourir et à paraître sans crainte devant son créateur.

Une vie si dignement remplie devait malheureusement avoir un terme. La providence prononça, et, le 1.er juin 1827, le patriarche du Ban-de-la-Roche, le ministre zélé, le bon pasteur dit adieu à son troupeau chéri, et fut rappelé dans le sein de l'éternité. Il était âgé de quatre-vingt-six ans, et avait administré, pendant près de soixante ans, une paroisse maintenant dans la douleur et les regrets.

Les funérailles d'*Oberlin* furent imposantes par le deuil et la tristesse générale. Ce fut le 5 juin que le convoi s'achemina de Waldersbach au village de Fouday, distant d'une demi-lieue, dans le cimetière duquel sont déposées les dépouilles mortelles du vertueux ministre. La foule était si considérable, que le convoi avait déjà atteint Fouday que sa fin n'avait point encore quitté le presbytère. Plusieurs discours analogues à cette lugubre cérémonie furent prononcés, tant dans le temple que sur les bords de la fosse. Partout on n'entendait que sanglots et gémissemens. On ne pouvait se résigner, et on demandait à grands cris son tendre père. Il fallut cependant quitter le lieu de l'éternel repos; on dit alors un dernier adieu à ce corps actuellement froid et glacé, lui qui naguère, vif et inspiré, donnait avec une parole puissante de sublimes leçons de courage, de travail et de bienfaisance.

www.ingramcontent.com/pod-product-compliance
Ingram Content Group UK Ltd.
Pitfield, Milton Keynes, MK11 3LW, UK
UKHW020439220726
13923UKWH00005B/2212

9 782019 294359